T0401334

LA CIENCIA DE
CTIAM

BY THERESA EMMINIZER

Gareth Stevens
PUBLISHING

Please visit our website, www.garethstevens.com. For a free color catalog of all our high-quality books, call toll free 1-800-542-2595 or fax 1-877-542-2596.

Cataloging-in-Publication Data
Names: Emminizer, Theresa.
Title: La Ciencia de CTIAM / Theresa Emminizer.
Description: New York : Gareth Stevens Publishing, 2024. | Series: What is STEAM? | Includes glossary and index.
Identifiers: ISBN 9781538291054 (pbk.) | ISBN 9781538291061 (library bound) | ISBN 9781538291078 (ebook)
Subjects: LCSH: Science–Juvenile literature.
Classification: LCC Q163.E46 2023 | DDC 503–dc2

Published in 2024 by
Gareth Stevens Publishing
2544 Clinton Street
Buffalo, NY 14224

Copyright ©2024 Gareth Stevens Publishing

Designer: Leslie Taylor
Editor: Theresa Emminizer
Translator: Michelle Richau

Photo credits: Series Art (background art) N.Savranska/Shutterstock.com; Cover chomplearn/ Shutterstock.com; p. 5 wavebreakmedia/Shutterstock.com; p. 7 zlikovec/Shutterstock.com; p. 9 David Pereiras/Shutterstock.com; p. 11 NIKS ADS/Shutterstock.com; p. 13 Anastassiya Bezhekeneva/ Shutterstock.com; p. 15 A3pfamily/Shutterstock.com; p. 17 Kat Om/Shutterstock.com; p. 19 Dejan Dundjerski/Shutterstock.com; p. 21 Ilike/Shutterstock.com.

CPSIA compliance information: Batch #CSGS24: For further information contact Gareth Stevens at 1-800-542-2595.

Find us on

CONTENIDO

Palabras en **negrita** aparecen en el glosario.

Que significa CTIAM

CTIAM, o STEAM en inglés, significa la ciencia, la tecnología, la **ingeniería**, el arte, y las matemáticas. Estas materias son muy diferentes en algunas maneras. Pero todos tratan de **explorar** como funcionan cosas variadas. En este libro, aprenderás sobre la ciencia de CTIAM.

¿Qué es la ciencia?

La ciencia es una forma de estudiar y entender el mundo que nos rodea. Los científicos hacen **observaciones**. Hacen preguntas de por qué ocurren las cosas en su manera. Buscan respuestas por formar ideas y probarlas para ver si son correctas.

El método científico

El método científico es una lista de pasos usados por los científicos. El primer paso es recoger información, o hechos. Próximo, el científico forma una hipótesis, o una suposición basada en que sabe. Entonces, prueba la hipótesis con un **experimento**.

El científico anota, o escribe, los **resultados** de su experimento. Analiza los resultados. Analizar algo es pensar profundamente en que significa. Finalmente, el científico forma una conclusión, o juicio de que aprendió.

Ciencias de la Tierra y del espacio

Hay muchas formas de estudiar el mundo alrededor. ¡Por eso, hay muchas ramas, o tipos, de ciencia! Las ciencias de la Tierra son de nuestro planeta, o mundo. Las ciencias del espacio son el estudio del espacio exterior, las estrellas, y otros planetas.

Ciencia de la vida

La ciencia de la vida es sobre la vida y todo ser vivo, como los animales, los insectos, y las plantas. También tiene que ver con los procesos de la vida. Por ejemplo, como una creatura come, duerme, crece, y tiene bebés. La ciencia de la vida a veces se llama la biología.

Ciencias físicas

Las ciencias naturales, o ciencias físicas, tiene que ver con las cosas no vivientes. La química es el estudio de los químicos, o materias que se puede combinar con otras materias para causar cambios. La física es el estudio de la materia y los esfuerzos que actúan en la materia.

Habilidades de las ciencias

Los científicos comparten una colección de habilidades, no importa cual rama de las ciencias estudian. Los científicos deben ser curiosos, o interesados en el mundo. Deben mirar de cerca a las cosas a su alrededor. Deben hacer preguntas. Deben pensar creativamente para buscar respuestas.

¿Eres científico?

¿Eres curioso sobre el mundo en que vives? ¿Te encanta aprender sobre los animales o las plantas? ¿Te **fascina** el espacio exterior? ¿Te encuentras haciendo preguntas y probando experimentos? ¡Las ciencias pueden ser el camino para ti!

GLOSARIO

experimento: Una prueba científica en que realizas una serie de acciones y prestas atención a que ocurre para aprender de algo.

explorar: Buscar para encontrar cosas nuevas.

fascinar: Tener un interés fuerte o estar entusiasmado sobre algo.

ingeniería: El uso de las ciencias y las matemáticas para construir objetos, o cosas, mejores.

observación: Anotar algo después de mirarlo de cerca.

resultado: Algo que pasa como un efecto o un fin.

MÁS INFORMACIÓN

LIBROS

Brundle, Joanna. *Classroom to Career: My Job in Science*. New York, NY: PowerKids Press 2021.

Nelson, Louise. *Magnetic Slime*. New York, NY: Windmill Books, 2022.

SITIOS WEB

Ambiente de niños, salud de niños

kids.niehs.nih.gov/activities/science-experiments/index.htm
¡Probar experimentos divertidos de las ciencias!

Ciencias NASA

spaceplace.nasa.gov/science/en/
Aprender pensar científicamente por hacer preguntas y observaciones.

ÍNDICE